にんじんさん
NINJINSAN

HSC不登校の小学生

~学校や会社以外にも居場所はあるよ~

文芸社

今、ツライ人へ

今、つらい人へ
僕《ぼく》が友達になるから
いいことも悪いニュースもシェアしよう。
人生のまわり道は、
絶対に無駄《むだ》じゃない。
自分の個性は強みになる！
マイノリティであることを強みにしよう！
みんなと違《ちが》うことは悩むことじゃなくて、

これからは個性の時代だから
とてもラッキーだと思う。
人生には限りがある！
今を楽しもう！

２０２０年12月15日

にんじんさん

もくじ

僕《ぼく》は、ＨＳＣの小学5年生でホームスクールをしています！
そんな僕の物語をノンフィクションで書きます！

始まり

僕《ぼく》は今、学校というみんなが行っている場所に
行けないし。行かない。
理由は、ＨＳＣ（Highly Sensitive Child）だからだ。
ＨＳＣとは、人一倍敏感《びんかん》で共感能力が高い気質のことを言う。
僕が４年生になって、日本ではまだなじみがないホームスクーリングをするまでには、
色んなことがあった。
小学１年生の時。

僕はなにかストレスを感じると、目をパチパチとしたりするチックの症状が出てきた。

小学2年生の時。

2年生は僕にとって嫌《いや》な一年だった。

50代くらいの女性の先生が担任になる。何か用事があっても、

話しかけるなオーラが出ていて、先生とあまり喋《しゃべ》ることができなかった。

その先生は毎回理不尽《りふじん》な理由で、授業中いつも同じ子を廊下《ろうか》に立たせる。

僕はいつも、次は自分が怒《おこ》られる番なんじゃないかと、

人一倍姿勢《しせい》を正しくして緊張《きんちょう》していた。

それに、先生は友達《ともだち》が忘れ物をしたら一日中その子を無視《むし》する。

先生に怒《おこ》られる子は決まっていて。

特定の子を毎日大きな声で怒るんだ。

ＨＳＣの僕《ぼく》はただでさえ敏感《びんかん》なのに

その大きな恐《おそ》ろしい先生の声を聞かなくてはいけない。

ある時先生はみんなの前でゆっくりとこう言った。

「みなさん、にんじんさんを見てください。」

どんな理由か分からないけど怒られる！

続けて先生は嫌味《いやみ》っぽくこう言った。

「姿勢《しせい》」

僕は強い恐怖心《きょうふしん》に襲《おそ》われて余計怖《こわ》くなった。

しばらくして、先生が「姿勢《しせい》」と言ったのは僕の姿勢《しせい》がいいからだと分かった。

先生の声でみんなも僕を見て分からないように姿勢《しせい》をサッと直した。

給食

僕は一度だけ、その先生に怒られたことがある。

それは給食の時。

いつも僕《ぼく》は、一番に給食を食べ終わりすぐにおかわりをする。

怒《おこ》られたその日は、

僕が特に苦手な食べ物があったので

食べるのが遅《おそ》くなってしまった。

「残さず食べなさい。」

と、担任の先生がイライラとした口調で何度も言ってきた。

周りを見ても誰《だれ》も助けてくれない。

僕は、全部口の中に苦手な食べ物を無理やり押《お》し込んで、
気持ち悪かったけどお茶で流し込んだ。

授業中

休み時間にトイレに行ったのに、授業中にトイレに行きたくなる時がある。

誰かがトイレに行きたいことを伝えると毎回嫌味《いやみ》っぽい口調で
「何で休み時間にトイレをしなかったんですか?」

と先生は怒る。

僕は、怒られるのが怖《こわ》いのでトイレに行きたくなっても我慢《がまん》した。

忘れ物

先生は、忘れ物をすると一週間その子を無視《むし》する。

僕《ぼく》のクラスメイトも

「あれ？　虫かごいるんやったっけ？」「一回、家に戻《もど》って取ってくる！」とか、

学校の前に着いても、

「忘れ物したかもしれん！」

と言って、走って家に取りに帰っている子もいた。

僕も先生が怖《こわ》いので忘れ物がないか、朝、泣きながらチェックをする。

毎日心の中で泣きながら学校に行っていて
真面目《まじめ》の仮面をかぶっていた。

二学期

夏休み明け
学校に行こうとすると、
僕は、毎朝下痢《げり》をするようになった。
お腹《なか》もすごく痛くなる。

行かないといけないのに

行けない

先生に怒《おこ》られる!!!

僕《ぼく》は、友達《ともだち》が怒られているのを見るだけで

自分が10倍くらい怒られているような気分になってしまう。

義務教育やろ？

僕は、義務教育の本当の意味を知らなかったので、こう思った。

子供は学校に行かんといかん。

でも、トイレから出られなかった。

病院に行って、僕は学校の先生の理不尽《りふじん》な態度のことを話した。

そしたらお医者さんがこう言ってくれた。

「学校に行こうとするとお腹《なか》が痛くなるんやろ？

でも、子供に安定剤《ざい》を出してまで学校は行く所じゃないと思うよ。

校長先生に話してダメなら転校も考えた方がいいと思うよ。」

そう言って、ストレスによる過敏性腸症候群《かびんせいちょうしょうこうぐん》だろうからと整腸剤《せいちょうざい》をもらった。

新聞

その日から僕《ぼく》は、何日か学校を休んだ。

ある日僕の家の新聞がビリビリに破《やぶ》かれてうちの庭にばらまかれていた。

僕は、すごく嫌《いや》な気持ちになった。

「誰《だれ》がやったんだろう。」

女性の警察官が家に来て

「誰かがちぎってばらまいたことに間違《まちが》いありません。記録しておきます。」

と、調べてくれた。

不登校をしていて家の前にパトカーがとまっている。

近所の人はどう思うか考えたら

悲しくなった。

この家に問題があると思われるかもしれない。僕は外にも出られなかった。

読書

うちでは、お母さんが僕が1歳《さい》になる前から

毎日10冊くらいの本を読み聞かせてくれていたらしい。

自分でも幼稚園の頃《ころ》から本やマンガを暗唱していた。

なので、友達《ともだち》が数人集まってきて

「お話聞かせて。」

と言われて、お話をみんなの前でしていた。

このようにして、僕《ぼく》は本が身近な存在だった。

学校とお母さん

僕が、学校に行っていない間、毎日学校から電話がかかってきた。

だんだんとお母さんが

精神的に疲れてきているように見えた。

僕は、どうしたらいいか考えた。

担任の先生を替《か》えてもらおう。

校長先生に伝えた。

でも、担任を替えてもらうことは無理だった。

当時は、フリースクールの存在を知らなくて、

居場所がないか情報を探したら、遠くに私立の学校があることを知った。

そのためには試験を受けて合格しなければいけない。

だから、一生懸命《いっしょうけんめい》試験勉強をした。
合格するかは不安だったけど、なんとか僕《ぼく》は合格することができた。

引《ひ》っ越《こ》し

僕たちは、引っ越しすることになった。
大好きな家を売り払《はら》い、仲の良かった親友も失った。
きれいな一軒家《いっけんや》からボロいアパートに逃《に》げた。
アパートではペットを飼うことができないので

僕が6歳《さい》の時からずっと可愛《かわい》がっていた愛犬とも別れることになってしまったんだ。
大好きな町だったけど、さよなら。
色んな思いをふり払い、前へ進んだ！
そこは人気《ひとけ》のない工業地帯にあった校区外のアパートで、
人通りが少なく工場のガッチャンガッチャンという音が静かになっている所だった。

愛犬との思い出

小学校の見守りボランティアで毎日学校の前に立っていた、
僕のおじいちゃんの家に愛犬を、預けた。

引っ越ししたアパートではペットが飼えなかったからだ。
愛犬と初めて出会ったのは、僕《ぼく》が幼稚園の時だった。
一人っ子だった僕は、愛犬のことを妹のように可愛《かわい》がった。
しつけの本がボロボロになるまで読んでしつけをしたよ。
旅行に行く時には、ペットが一緒《いっしょ》に行ける所しか選ばなかったし
一緒に動物愛護フェスティバルに行ったこともある。
愛犬は地域の見守りボランティアをしたり、
人を癒《い》やすセラピー犬になれるほど賢《かしこ》かったんだ。

僕の自慢《じまん》の兄妹《けいまい》だったし転んだら傷をなめてくれる存在だった。
大好きな大好きな、たった一人の兄妹。

新しい学校

小学校2年生の2学期に新しい学校に転校した。
毎日早起きして1時間かけてスクールバスで学校に行ったんだ。
2年生の生活はとても楽しかった。
新しい学校の担任の先生がとても優《やさ》しい。

授業中、嫌味《いやみ》を言わずにトイレに行かせてくれた。

3年生も、とても楽しかった。

3年生の担任の先生は、考え方が新しくてみんなと一緒に遊んでくれる。

それに、悪いことをした人だけを怒《おこ》って特定の子を怒ることが無かった。

学校が近い方が、PTAや読み聞かせなどをしていたお母さんにとっても良いし、

ペットも飼うことができる。

新しい生活に慣れた頃《ころ》、僕《ぼく》の家族は、学校の近くのアパートに引《ひ》っ越《こ》しすることになった。

愛犬

新しいアパートでは、ペット可だったので愛犬も一緒《いっしょ》に暮らせるとはしゃいだ。
なので、おじいちゃんの家に犬を迎《むか》えに行った！
だけど、おばあちゃんが愛犬を渡《わた》したがらない。
可愛《かわい》い犬を1年以上育てたおばあちゃんにとっても、愛犬が必要だったんだ。
僕は、悲しくて泣いたけど無理やり頭を切り替えた。
愛犬も、おばあちゃんが好きそうでべったりしている。
散歩もたくさん連れて行ってもらっているから、

逆に感謝しようと思った。

新しい命との出会い

保健所に行く予定の犬を飼った。

今はべつの違う0歳《さい》の犬が家にいる。

ヨーキーとマルチーズのミックスらしい。

この子は、優《やさ》しくて温かくて人間の弱い所によりそってくれる。

僕《ぼく》は、しつけを最初からもう一度辛抱《しんぼう》強く教えた。

かまないこと、むだぼえしないこと、おすわりや、ふせを教えた。
僕は、毎朝この子と学校に行った。
もちろん、犬はスクールバスには乗れないので
お母さんと犬が途中で帰っていく。
動物は可愛《かわい》いなと思う。
人間と違《ちが》って、正直でウソをつかない。
楽しい毎日が送れると思っていた。

4年生の始まり

僕《ぼく》は、4年生になってまた仲の良い友達《ともだち》と遊べると思った。

ところが、また出会った。

感情的に怒《おこ》る年配の担任の女性の先生だ。

去年もその先生の理《り》不《ふ》尽《じん》なことで困っている生徒や保護者がいたそうだ。

それでも僕は、学校に行こうと努力した。

でも僕は、その先生になって3日目に

朝、激《はげ》しい腹痛で欠席してしまった。

それから精神的につらくて1か月くらい学校を休んだ。

お医者さんの一言

その時お医者さんが僕にこう言ってくれた。

「そんなにつらかったら、学校に行かなくても大丈夫《だいじょうぶ》やよ。

家で勉強しとるんやろ？　そしたら、大検とってから医者にもなれるよ。

医者はオリンピックの選手になるよりラクやから、君が医者になったら診察《しんさつ》してな。」

このままで良いんだな。

と救われた。

フリースクールに行った

僕《ぼく》は、毎日たくさん勉強した。
午後は、フリースクールで友達《ともだち》と鬼《おに》ごっこもした。
料理も洗濯《せんたく》も、手伝って覚えた。
毎日がとても充実《じゅうじつ》してきた！
そんなある日、僕は平日の昼間にコンビニに行ったら
店員のおばちゃんが何気《なにげ》なくこう言った。

「学校は？」

そうだ。

僕は、中学校の範囲《はんい》まで家で一生懸命《いっしょうけんめい》勉強してるけど、

ホームスクーリングは日本ではまだ認められていない。

勉強している場所が学校じゃないから、変な目で見られたんだ。

そんな時、ふとアンパンマンの歌が流れた。

「なんのために生まれて なにをして生きるのか」

涙《なみだ》が止まらなかった。

不登校は問題児だと思われているんだ。

9歳《さい》の僕《ぼく》は、世の中からゴキブリのように見られた。

ゴキブリは、生きるために動いているだけなのに駆除《くじょ》される。

僕は、できるだけ世間の人に会わないように努力した。

でも、つらい時に学校を休んでもいいという法律があると知って救われた。

じゃあどこに行けばいいんだろう。

居場所も、お金も、国が出してくれていない。

なんか、非国民になった気分だ。

9月1日、子供たちが社会に投げかける問題

長期の休み明け

9月1日の前後に子供の自殺者が出た。

またや

なんでなん?

学校を休んでいいという法律はあるのに、

日本には、ホームスクールどころかフリースクールにもお金の支援《しえん》がない。

フリースクールに行った時、

日本は地震《じしん》大国なのに
穴の開いたぼろぼろの居場所に

学校と比べて耐震《たいしん》強度が低い建物だった

僕《ぼく》は、鉄道や建築が大好きで日本トイレ研究所の会員でもある。

世界の約20％の地震はここ日本で起きている。

フリースクールの築年数を観た所、震度《しんど》5の耐震《たいしん》強度は、おそらくない。

一方、学校は避難所《ひなんじょ》になるくらい頑丈《がんじょう》な造《つく》りだ

なんでや。

でも、僕《ぼく》は学校ではなく
フリースクールを選んだ。

フリースクールの玄関《げんかん》には、良いことが書いてあった！

「つらいことは笑って忘れろ」

他にも書いてあったけど忘れた。

僕の頭の中にはそれが1番に入ってきた。

ある朝、お母さんが泣いていた。

「なんで、不登校には支援《しえん》がないんや、、、。」

僕《ぼく》は、フリースクールのおかげで心が回復していたので学校に行くことにした。

再び登校した

教室には入らずにカウンセリングルームだけだと思って頑張《がんば》って学校へ行った。

でも、先生は友達《ともだち》を道具のようにつかって教室に戻《もど》そうとした。

その時に、3年生の時に担任だった若い先生が教室に来てくれて僕に話しかけてくれた。

でも、ベテランの先生が若い先生にこう言った。

「人の教室に勝手に入ってこないでください！

入る時は、失礼しますと言ってください！　やり直し！」
若い優《やさ》しい先生が、生徒の前でやり直しをさせられた。
若い先生が、一旦《いったん》教室の外に出てから
「失礼します！」と言って一礼して入り直しをさせられた。
そのあと、若い先生はスクールカウンセラーの先生と話をしていた。
スクールカウンセラーの先生は、優しくて理解してくれたけど
次の年には、学校にいなくなる。
そうとも知らず、当時の僕には余裕《よゆう》がなかったし、

子供が先生に歯向かってはいけないと思っていた。
何度も何度もそんな毎日が続き、僕《ぼく》の体も心も限界になった。
とうとう、朝になると前よりひどい激痛と吐《は》き気《け》と下痢《げり》になるようになった。
また、ドクターストップがかかった。

再び学校に行けない状態になった

そして、ホームスクーリングを始めた。
体調が戻《もど》り、僕は医者のすすめで運動をすることにした。
午前中に勉強をして、

午後は、乗馬に行った。

僕の友達《ともだち》には会えなくなったけど、

かわりに、約100頭の馬と毎日会えるようになった。

僕は、10歳《さい》の誕生日に大好きな馬に乗りに行った。

学校を休んでいる間、色んな先生にも出会った。

世界的にも有名な方と対談をしたり、

「不登校は不幸じゃない」発起人で、ゲームのオンライン家庭教師「ゲムトレ」代表の

小幡《おばた》先生の本やゲムトレにとても救われた。

先生芸人のキャッチャー冠野先生にもお世話になった。
経営者とテーマを決めて毎日話したりもした。
馬も僕《ぼく》の先生だ。一緒《いっしょ》にいると、何も考えずに夢中になる。
そして、馬にも気持ちがある。
理解してくれる動物たちがいた。
理解してくれる人がいた。
校長先生も優《やさ》しくて、僕は救われた。
ただ、中学受験の勉強をしていたけど出席日数が足りなかったので僕は受験をあきらめた。

それでも、勉強と運動を続けてきた。

結果、高校の数学の範囲を勉強することになった。

僕は、何か勉強の本質に近づいた気がしていた。

そして、2020年、日本でも新型コロナウイルスが流行《はや》り始めた。

2月、コロナの影響《えいきょう》で大好きな馬に乗ることができなくなった。

不登校2年目の出来事

5年生になった。

4月、新しい担任は優しかった。

なにしろ、生徒が好きな3年の時の若い男の先生だった。

思い切って学校に行ってみた。

今から、再スタートだ！　と思っていたけど

その、次の日から起きられないし、力が出ない。

なんでや。

前の担任は残って、優《やさ》しいカウンセラーの先生がいなくなった。

なんでなん!?

僕《ぼく》は日本の教育に疑問を持った。

どうして、日本には学校以外の居場所に国が援助《えんじょ》をしないのだろうか。

コロナ

そんな中、コロナの影響《えいきょう》で社会がステイホームの雰囲気《ふんいき》になった。

僕以外の子も学校に行けなくなった。

僕のお母さんが、以前から校長先生に言っていたことが始まった。

お母さんは、校長先生にこう言っていた。

「すみませんが、教室にタブレットを置いてもらえませんか？

学校に行けなくても、みんなと授業が受けたいんです。」

そう、コロナの前には当たり前ではなかったことが

変わり始めた。

教育会議

僕《ぼく》は、校長先生と担任の先生に

オンラインで「日本の教育について」というテーマで話したいと提案した。

不登校の僕と担任の先生と校長先生は、仲が良くて

とても話しやすい会議だった。

そして、授業の様子をオンラインで自宅につないでもらえるようにもなった。

絶対に無理だったことが、

コロナで変わった。

悪いこともあった。

だけど、コロナで変わった。

ついに、学校でオンライン授業が開始された。

社会はこんなに変わるのかと思った。

行動

少子化で少ない子供たちの心が危険なことに

ずいぶん前から気づいていた。

不登校は、18万人を超《こ》えているとも言われている。

なんとかしたい。

学校の建物は避難所《ひなんじょ》になるくらい頑丈《がんじょう》なのに
フリースクールは震度《しんど》5に耐《た》えられないところもある。
地震《じしん》大国で、不登校の支援《しえん》はない。
親が働けなくなって「貧困」になる可能性も考えた。
そうだ！　無料の受け皿を作ろう！
オンラインフリースクールを作ることにした。
子供の自殺を無くしたい！
それよりも、

笑顔《えがお》になりたい！

勉強、運動、個性を伸《の》ばす時間、そして「お金の授業」。

僕《ぼく》は、お金の授業がずっとしたかったんだ。

僕は、小学1年生の時から新聞を2紙以上毎日見ていた。

「なんで100円のサンドイッチを盗《ぬす》んで捕《つか》まる大人がいるんだろう。」

僕なら、メルカリで家にあるものを売ったり

動画編集でお金を稼《かせ》ぐことができる。

引きこもりの状態でお金が稼げる時代だ。

だからこそ、オンラインフリースクールでは

個性を伸《の》ばして、それを「働《はたら》く」ことに結びつけるところまでやりたい。

自分の個性や好きなことを仕事にしたり、

メルカリで家にあるものをリサイクル

そして、リユースしていく。

僕の会社のこだわり

僕は、個性を伸ばして仕事につなげることがしたい。

そして、基礎《きそ》学力もおろそかにしたくない。

そして、ゲームを一緒《いっしょ》にしたりして

みんなで学びも遊びもシェアしていきたいと思った。

そして、適度な運動、栄養バランスのとれた食事、

十分な睡眠《すいみん》を心がけて実行できるようにしたい。

僕《ぼく》は、地震《じしん》大国の日本で災害用トイレを準備している人が少ないことも

危険だと思っている。そこで、防災関連の資格を取ることにした。

トイレについては、日本トイレ研究所個人会員だったので知識はあった。

僕は、トイレを見ただけでどこのメーカーか当てられるし、

よくどんなトイレがいいか相談に乗ることもできる。

そこで、防災トイレの販売も行なっていくことにした。

防災

僕は、不登校の子どもの居場所の耐震強度を高めたいと思っている。

学校を休んでいる間に取得した防災危機管理者資格を活《い》かして不登校の子供たちの防災も自宅から学べるようにしたい。

世界で5回地震《じしん》があったら1回は日本というくらい、

日本はいくつかのプレートの上にある。
危機管理や備えをシェアしていこうと思っている。

僕《ぼく》の進む道

僕は、人の役に立つ仕事がしたいと思った。
学校や会社に行くのがつらくても、
居場所は、情報を探せばある。
自分の笑顔も世界中の人の笑顔も
みんな大切な宝物だ。

不登校は、悪くない！
登校も、悪くない
教育に多様性を。
時代が変化したらチャンスだ！
未来は明るい！

にんじんさんの母より

にんじんさんの母親である私自身も、ＨＳＰ（人一倍敏感な人）です。

だから、子どもの痛みをダイレクトに自分の痛みとして感じました。

小学二年生になった時に、息子は「クラスメートが担任から理不尽な理由で怒られているのを見るのが辛い」と言っていました。

そして、二年生の夏頃から学校を行き渋り始めました。

私は自分の経験から、息子には無理をさせたくないと思いました。

もちろん、学校に行かせようと頑張った時期もありました。車に乗せて学校の前まで行きましたが、息子は車から降りられず、その時は死ぬほど悩みました。

そんな時に、教師の叱責で自殺をした男子生徒のニュースが流れてきました。

そのニュースを見て、辛い時は、休むことが必要だと思いました。

息子が欠席している間には、毎日校長先生から電話がかかってきました。いつ電話や訪問があるのか分からず、なかなか外に出られませんでした。

校長先生に言ってダメなら、転校することを医者から勧められていたこともあり、校長室で校長先生と教頭先生と向かい合って話すことになりました。校長先生は、

「先生の仕事の量が多かったんですよ。だから、〇〇先生は悪くありません！」

と言って担任の先生の側に立っていましたが、メモを取る係だった教頭先生は私の側に立って、時折、校長先生にかくれて、ガッツポーズで私の方を応援してくださいました。とても心強かったです。

そして転校しました。

転校先の校長先生は、その辺に理解があり、フリースクールを体験したり自由にさせてくれ、今のところホームスクーリングに落ち着いています。

ホームスクーリング中は、インターネットで世界中のすごい先生に勉強を教えてもらうことができました。ただし、費用は全額、家庭負担となって金銭面での支援はありません。ただでさえ不登校の子どもへの教育はとてもお金がかかる上に、保護者は先生と親の二つの仕事をするため、保護者の自分の時間は全くない状態になります。

学校と連絡を取る時に気をつけていたのは、『あくまでも学校は悪くありません』という態度をとることでした。例えば、本当にそう思っていようといまいと、とりあえず「すみません」と言い、相談する形でお話をするように心がけていました。

学校には、息子やその保護者を応援してくれる優しい先生がたくさんいました。

本を出すことで、世の中のために役立てたらと思います。

この本を手に取ってくれて本当にありがとうございます。

息子へ

生まれてきてくれて、ありがとう！

母より

にんじんさん家のホームスクール

日々の生活や学習

（例）

・タブレット学習
・オンライン英会話
・オンライン家庭教師
・無料公開してくれているYouTubeなどの授業動画
・お母さんの手づくり問題（子どもの苦手な部分を克服する内容）
・ゲムトレ（オンラインでゲームを教育的に学びました）

・スマホやタブレットのアプリ
・オンラインのフリースクール
・LINEのグループやオープンチャット
・動画を観て運動
・起業
・ボランティアのお手伝い
・本を書くこと
・SDGsに取り組むこと
・毎日、経営者とテーマを持って話し合うこと

子どもの心のケア

・一緒にゲームをする
・好きなことを応援する
・話を聴く
・急がずに待つ

・運動（医師に勧められました）

保護者の心のケア

・LINEのグループやオープンチャット
・カウンセリング（無料のものを選びました）

100人いたら100通りの選択肢があると思います。

これは、にんじんさんのうちの場合です。

著者プロフィール

にんじんさん

小学5年生、11歳（執筆中は10歳）
株式会社こころカンパニー　社長

防災危機管理者
日本トイレ研究所個人会員
ボランティア→夢を還るキャンパス

（著書）
『馬小屋のにんじん』（2021年、デザインエッグ社）

ＨＳＣ不登校の小学生　～学校や会社以外にも居場所はあるよ～

2021年９月15日　初版第１刷発行

著　者　にんじんさん
発行者　瓜谷 綱延
発行所　株式会社文芸社
〒160-0022　東京都新宿区新宿1－10－1
電話　03-5369-3060（代表）
03-5369-2299（販売）

印刷所　株式会社フクイン

ISBN978-4-286-22501-2　JASRAC 出 2104727－101